Lib 45/741

RÉPONSE

A M. MÉHÉE DE LATOUCHE,

DÉNONÇANT AU ROI

LES ACTES ET PROCÉDÉS DES MINISTRES

ATTENTATOIRES A LA CONSTITUTION.

A PARIS,

CHEZ LES MARCHANDS DE NOUVEAUTÉS.

OCTOBRE 1814.

RÉPONSE

A M. MÉHÉE DE LATOUCHE,

DÉNONÇANT AU ROI

Les Actes et Procédés des Ministres attentatoires à la Constitution.

Méhée dénonce encore! quel est son but? Une septembrisation. Pas possible? Un assassinat par le fer de la guillotine, ou une fusillade dans la plaine de Grenelle?..... Non, non; mille fois non.

Pourquoi donc Méhée dénonce-t-il?

Le roi est rendu à la France. — Le roi..... Lisons le billet envoyé par Méhée, le 17 septembre 1792, à la section du Panthéon français, délibérant sur le genre de gouvernement que l'on devait exiger de la convention.

« Si jamais ce qu'on appelait un *Roi*, ou
» quelque chose qui ressemble à cela, OSE SE
» PRÉSENTER EN FRANCE, et qu'il vous faille
» quelqu'un pour *le poignarder*, veuillez

» *m'inscrire au nombre des candidats.* Voilà
» mon nom : Méhée. (1)

Méhée n'est pas assez hardi pour frapper le Roi, qui a *osé se présenter en France*, à coups de poignard, ou avec un plomb meurtrier, mais il a bien le courage, quant à présent, de l'assassiner moralement.

Par ce moyen infâme, il prouve à sa *coterie*, qu'il est conséquent avec lui-même.

Pour approcher du Roi, le tigre prend la peau de l'agneau!! Mais qui ne connaît pas le poil de Méhée ?

Les ministres du Roi doivent être ses premières victimes, par ce seul motif qu'ils sont ministres du Roi; aussi, a-t-il levé sur leur tête son poignard. Sa brochure contient la preuve du premier acte tendant à l'exécution de l'attentat. Prouvons.

Méhée dit :

« Le Roi a proclamé dans la constitution
» que les Français ont le droit de publier ou
» de faire imprimer leurs opinions, en se con-
» formant aux lois qui *doivent* réprimer les
» abus de cette liberté.

» Et les ministres ont violé la constitution
» en proposant une loi qui détruit la liberté de
» la presse.

---

(1) Extrait de la Biographie moderne.

« A qui doit-on obéir? A la constitution et
» au Roi, ou à M. l'abbé de Montesquiou, l'un
» des ministres, qui a présenté la loi? »

La censure est une mesure qui doit prévenir ou réprimer les abus de la liberté de la presse, ou des lois contre les provocateurs aux délits et aux crimes caractérisés par un code pénal, doivent produire le même effet.

Or, établir la censure ou faire des lois répressives, ce n'est pas sans doute déroger à la constitution, qui ne permet l'impression des opinions qu'en se conformant aux lois *à faire*. Les lois *à faire* ne sont qu'organiques de cet article constitutionnel.

Si les ministres ont fait des projets de loi dont les motifs et les dispositions n'ont pas été approuvés par les chambres, il faut en conclure, non pas qu'ils ont cherché à violer la constitution, mais que leurs vues n'ont pas eu l'assentiment d'une des chambres qui doit coopérer à la confection de la loi.

Dire que le Roi a permis, par la charte royale, la liberté illimitée de la presse, et qu'ensuite les ministres ont proposé des lois pour lui donner des limites, puis fonder, sur ces faits, évidemment inexacts, une argumentation chaude et longue, c'est faire preuve d'une malignité perfide ou d'une mauvaise foi insigne.

Ces projets de lois empêchent-ils de censurer les actes ministériels? de se plaindre de l'abus du pouvoir? de réclamer contre les attentats à la propriété, à la liberté individuelle? Non.

Les ministres ont donc pu proposer telles lois qu'ils ont crues propres à *réprimer* les abus de la liberté, et par-là, ils n'ont pas violé la constitution.

Mébée sait bien tout cela : mais tout en demandant l'exécution de la charte royale, il attaque le principe de la liberté *limitée* de la presse qu'elle établit. Et pourquoi? Parce que, dit-il, il aime bien que l'on ne voie en lui que la misérable envie de barbouiller quelques feuilles de papier, lorsqu'il ne réclame l'arme de la presse que contre les brigands diffamateurs qui, pour six francs, égorgeraient quiconque a l'honneur de déplaire aux tyrans qui les soudoient.

Voudrait-il, notre cher fils de chirurgien, qui s'est fait appeler le chevalier *de la Touche*, qui a été chassé de Pologne et de Russie en 1792, pour avoir essayé de faire regarder comme maxime évangélique « que l'insurrec-

» tion est le plus saint des devoirs; » qui, revenu en France, a propagé ces systèmes d'anarchie et de destruction, dont le texte se trouvait dans son billet à la section du Panthéon français, sous la rubrique de *Félhémesi*, anagrame de Méhée fils; qui, dans le *Journal des Patriotes*, paraissant en 1795, proclamait la guerre aux châteaux et la paix aux chaumières; qui fut arrêté en 1799, par un arrêté des consuls qui le qualifia de septembriseur, dans un moment où il lançait ses foudres contre les prêtres; qui *s'échappa* de l'île d'Oléron pour passer en Angleterre.....; qui, enfin, est si *fortement* portrait par *Goldsmith* dans un dernier ouvrage..... Voudrait-il, enfin, notre cher fils de chirurgien, que la charte royale lui permît d'imprimer impunément que le devoir des Français n'est pas d'obéir à la loi, parce qu'on ne peut pas appeler *devoir* la soumission du faible au fort, soumission dont *on s'affranchit, dès qu'on devient plus fort que celui qui l'avait imposée?*

La vérité est qu'il a rendu publique dans sa brochure cette opinion, que les amis du gouvernement considèrent avec raison comme le signal d'un complot dont le but tend à armer les citoyens attachés à leur roi légitime, contre leurs voisins, dont les intentions et les actions sont signalées, à chaque instant, comme appartenant à des chefs de partis révolutionnaires.

Car on ne sait que trop bien que des gens n'obéissent aujourd'hui à la loi que parce qu'ils sont les plus faibles, et que le délire les entraîne à désirer, même à fomenter une division intestine pour *s'affranchir de leur soumission*...... Les insensés ! Le feu qui dévore une maison sise dans le faubourg Saint-Denis, réduira-t-il Paris, la France entière en cendres ? Les propriétaires, les ouvriers ne sont-ils pas tous intéressés à arrêter les progrès d'un incendie ? Si leur indifférence, leur apathie, ou leur mauvais esprit les a portés dans un temps à laisser brûler l'ancien édifice de la monarchie française, sans réunir leurs bras à ceux des hommes sages et courageux qui ont tenté d'éteindre cette flamme qui a ruiné tant de familles, l'expérience a donné à tous ce sentiment national, que le mal doit être arrêté dès son principe, et que si la société compte un centième d'anarchistes toujours prêts à porter la torche ardente sur les propriétés de nos pères, et à frapper de mort les enfants qui respectent leur mémoire, les quatre-vingt-dix-neuf autres ont le plus grand intérêt à défendre leurs biens, leur honneur, et à écraser sous les marches d'un trône appartenant à un digne rejeton de St. Louis les séditieux qui essaieraient un nouveau 10 août.

On connaît, Méhée, ce complot atroce d'exciter la guerre civile en armant les citoyens les uns contre les autres. Qui donc peut ignorer que de vils brigands veulent profiter de la mauvaise composition de quelques administrations pour lever l'étendard de la révolte ? Qu'ils comptent sur des hommes hardis ou indécis, pour chefs ou auxiliaires ?

Le Roi, dont la marche pour arriver au but de la restauration parfaite, est lente, mais sûre, n'oppose, quant à présent, aux manœuvres criminelles pratiquées contre sa personne, sa famille et son peuple, que l'instruction, la bonté, l'indulgence... Mais que les séditieux avancent au-delà des bornes qu'il a établies.... Il parlera..... Les révoltés ne sont plus.

Mais aussi, comme le Roi aime mieux prévenir les calamités publiques qu'entraînent nécessairement les révoltes partielles, il n'a pas voulu que cette matière toute combustive qui a déjà consumé le trône, les autels, les châteaux, les chaumières, en France, en Angleterre, en Pologne, fût mise à la disposition de Méhée et de ses consorts, sans qu'ils fussent assujettis à des lois propres à garantir les propriétés contre le mauvais emploi qu'ils pourraient en faire. L'apotichaire a des poisons dans sa boutique; mais il ne peut les distribuer ou vendre que par ordonnance de médecin.

Sa Majesté a donc eu raison de n'autoriser la liberté de la presse qu'à des conditions tutélaires des gouvernements et des personnes. Le temps est un maître qu'il faut consulter. Sans les encyclopédistes, il n'y aurait pas eu de révolutions populaires; sans cette fameuse lettre imprimée du conseil insurrectionnaire de la municipalité de Paris, les massacres de septembre n'auraient pas fait couler le sang de l'innocence!!

Admirez, Méhée, cette concession peut-être trop libérale du Roi, qui ne donne à son ordonnance sur la *limitation* de la presse qu'une durée de trois ans.... Le Roi légitime qui rentre dans ses Etats, témoin des mille et une horreurs que l'historien transmettra à la postérité, en lettres de sang, a eu la bonté de donner une charte libérale à ses sujets... et déjà les hommes graciés veulent reprendre cette arme funeste qui, dans leurs mains, a tué la monarchie, le monarque, ses fidèles sujets; eh! dans quel moment?

Revenons, Méhée, à cette vérité que vous reconnaissez, soit de bonne foi, soit par hypocrisie, que le descendant de St. Louis a été rappelé *sur le trône de ses ancêtres* par l'amour de ses sujets, et que notre bon Roi (ce sont vos expressions) nous a donné une charte constitutionnelle.

S'il a repris, de fait, le trône de ses ancêtres, avec l'amour de ses peuples, il aurait pu dire aux Français : Je vais jouir des droits appartenants, depuis nombre de siècles, à mes prédécesseurs. Je veux que la monarchie soit telle qu'elle existait avant l'époque où les révolutionnaires ont fait une monarchie aristocratique ou plébéienne; mais il a cru, dans sa conscience, faire fléchir les anciens droits de la couronne de France sous le poids de quelques principes appelés libéraux.

Et ce Monarque bienveillant qui, par esprit de conciliation, fait un abandon volontaire de plusieurs droits attachés à la couronne de ses ancêtres, pour établir une nouvelle charte, qu'il croit appropriée aux *lumières*, aux mœurs actuelles de ses peuples, n'aurait pas cette autorité souveraine de limiter la liberté de la presse ?.... Oh ! si la presse avait été libre avant 1789, Méhée aurait écrit : Le Roi héritant du trône de France n'a pas pu changer les lois fondamentales ; et, comme dans les lois constitutionnelles la presse était déclarée libre, il n'a pas eu le pouvoir de détruire cet acte sacré... Que n'aurait-il pas dit ? Mais, au contraire, la presse n'était pas libre avant cette année fameuse. Les Bastilles étaient les dépôts des libélistes incendiaires ; les voix des détenus parvenaient difficilement jusqu'aux pieds du trône. Le Roi, par un sentiment de libéralité, a daigné consigner dans la charte que la presse serait libre, sauf les lois repressives de ses abus.

Le Roi a parlé... Silence, Méhée, ou écrivez. Mais sachez que les tribunaux sont établis pour atteindre les libélistes qui diffament ou qui outragent les mœurs. Le Code pénal définit les caractères de la criminalité ; mais, rappelez-vous toujours, *qu'obéir à l'abbé de Montesquiou*, c'est obéir à la constitution et au Roi.

Méhée est embarrassé de la conduite que tiendra M. l'abbé de Montesquiou, en représentant à la chambre des députés le projet de loi, amendé par la chambre des pairs. Pourquoi ? Parce que, dit-il, il a fait adopter le projet comme constitutionnel par les députés, et que les pairs l'ont rejeté, comme acte anti-constitutionnel.

Il est faux que les députés ont approuvé le projet comme constitutionnel ; il est vrai seulement qu'ils l'ont considéré comme loi organique et transitoire de la charte.

Il est faux que les pairs, en supprimant le préambule, ont frappé d'*anti-constitutionnalité* le projet de loi. Le préambule n'avait point cette précision de rédaction qui annonce l'esprit dans lequel la loi doit être faite. Il a été rejeté. Mais le projet de loi, amendé, a été consenti par les pairs, comme contenant, d'après la charte, les moyens de répression contre les libélistes ; c'est le même projet, faiblement amendé, qui est reproduit à la chambre des députés.

Les motifs d'un jugement ne détruisent pas son dispositif, en règle générale ; le droit d'amender appartient aux deux chambres.

Ainsi, M. l'abbé de Montesquiou ne propose pas à la chambre des députés de déclarer précisément le contraire de ce qu'elle a déclaré il y a quinze jours. Il propose seulement d'adopter une loi dont le préambule est retranché, et faiblement amendé; mais dont le système a été consenti par les trois puissances qui concourent à la formation de la loi.

La chambre des députés ne peut plus remettre en question s'il y aura censure, oui ou non, pour les ouvrages ayant plus de vingt feuilles d'impression, etc, etc., parce que la décision est irrévocablement fixée à cet égard. Mais elle peut discuter, seulement, si l'amendement ne change point, n'altère point l'esprit de la loi, et si le projet, ainsi réduit, peut être définitivement converti en loi.

Ainsi tombent d'elles-mêmes toutes ces *critiques* hasardées avec des intentions perfides.

Méhée dit : « que le *seul* titre qui rende incontestable et légitime la nouvelle puissance du Roi, est *l'amour de ses peuples*.

» Pourquoi notre Prince n'avoue-t-il pas qu'il est *Roi* par le choix libre de la nation, au lieu de soutenir qu'il est *Roi*, par *la grâce de Dieu?*

» Les ministres ont voulu *humilier* la nation, et *ravaler* la majesté royale. »

Méhée semble oublier qu'une loi inviolable et fondamentale du royaume de France porte que le Roi est reconnu souverain; qu'il ne tient son autorité que de Dieu seul, et qu'il n'y a, sur la terre, aucune puissance qui ait le droit de le priver de son royaume. Il feint d'ignorer que, depuis Hugues Capet, les Bourbons sont reconnus par Dieu et par le peuple comme Rois de France; qu'une longue possession d'Etat, comme le respect à la divinité et à la royauté, a sanctionné, corroboré et immortalisé l'ordre de successibilité dans une famille toujours juste, bienveillante, et digne de l'amour de ses sujets.

La charte royale paraît être l'objet des affections apparentes de Méhée. Il concède donc cette vérité de fait, que Louis XVIII est héritier de la couronne de ses ancêtres, à droit de sang, puisque dans le préambule de cette charte, Louis-le-Désiré dit: « En même temps que nous reconnaissons qu'une constitution libre et monarchique devait remplir l'attente de l'Europe éclairée, nous avons dû nous souvenir aussi que notre premier devoir envers nos peuples, était de *conserver*, pour leur propre intérêt, les *droits et les prérogatives de notre couronne*, etc. A ces causes, nous avons volontairement et par le libre exercice de notre *autorité royale*, accordé et accordons, fait *concession* et *octroi* à nos sujets, etc., de la charte constitutionnelle qui suit. »

Or un Roi qui rappelle les droits et prérogatives de *sa couronne*, et qui veut bien faire concession et octroi de quelques-uns de ses droits, est nécessairement le successeur du monarque sur la tête de qui la couronne a été précédemment placée; et de qui le Roi est-il héritier? Méhée en fait l'aveu, du descendant de St. Louis; donc le seul *titre* qui rende sa puissance incontestable et légitime, est le droit d'hérédité, et non pas l'amour de ses peuples.

L'héritier légitime de la couronne pourrait bien ne pas être aimé de son peuple; cependant, le titre de Roi, transmis de mâle en mâle, n'en fonderait pas moins sa puissance.

C'est l'administration sage, ferme et paternelle du Roi qui concilie l'amour de ses sujets, et non pas seulement son titre de Roi.

Heureux, mille fois heureux, le Roi qui commande le respect et l'amour de son peuple!

Mais il est toujours vrai de dire que Méhée a eu tort d'avancer ce paradoxe dangereux, que l'amour des Français est le *seul* titre qui rende la puissance du Roi légitime.

Méhée prétend que Louis XVIII aurait dû proclamer qu'il était *Roi, par le choix libre de la nation*, et non pas par *la grâce de Dieu*.

On sait que c'est *par le choix libre de la nation* que Hugues Capet a été nommé Roi de France ; mais on sait aussi que depuis cette époque (987) la couronne de France est advenue successivement à Louis XVIII.

C'est donc à droit d'hérédité que Louis XVIII est devenu Roi de France, et non pas par le libre choix de la nation ou de la génération actuelle.

La maxime de droit est que *le mort saisit le vif ;* que quand le Roi meurt, son successeur est saisi, *ipso facto*, de l'autorité souveraine et des droits attachés à la royauté, sans qu'il soit besoin du *consentement* de ses sujets, ni du sacre, ni du couronnement.... *Le Roi ne meurt point en France.*

Après l'assassinat de Louis XVI, Louis XVII, son jeune et tendre fils, a été appelé, de droit, au trône de France. Après la mort de Louis XVII, son oncle (le Désiré) est devenu, à l'instant même, son successeur.

Ce droit public et civil, formé dans les temps les plus reculés, a toujours été, pour le peuple Français, la garantie des droits de succession, tant pour les Rois que pour les sujets.

Si l'amour du peuple était le seul titre qui fonde la puissance des Bourbons, certes nos pères sortiraient à l'envi de leurs tombeaux, et se réuniraient à la génération actuelle, pour jurer sur les autels que cette illustre famille n'a cessé de mériter le respect, l'estime et le dévouement des ames pieuses, vertueuses et reconnaissantes.

Mais, demande Méhée, pourquoi Louis XVIII s'est-il servi de cette formule bannale et superflue, *par la grâce de Dieu?* Dieu a permis le règne des Jacobins, des comités, du gouvernement révolutionnaire, d'un Empereur.... Et la religion nous apprend que rien n'arrive dans le monde sans la permission de Dieu.

Oui, Dieu a créé le bien, un Bourbon, et le mal, un Méhée... Mais, sans nous jeter dans ces discussions abstraites qui nous écarteraient de notre sujet, prouvons que la formule, *Louis, par la grâce de Dieu*, n'est ni bannale ni superflue.

Le Roi est une émanation de la divinité.... Le Roi des Rois est en haut..... Chaque coin de la Terre a son Roi....

Allons plus loin: quand le Roi est sacré, il prend lui-même l'épée sur l'autel, sans qu'elle lui soit donnée *par qui que ce soit.* Pourquoi? Parce que l'autorité, dont elle est le signe vient immédiatement de Dieu, qui la lui a confiée, et à qui seul il est comptable.

Cette grâce, Dieu ne l'accorde qu'au Roi. Cette grâce d'être inviolable et de ne rendre compte de ses actions qu'à Dieu n'est dévolue qu'au Roi.

Ainsi, Louis XVIII, à l'instar de ses prédécesseurs, en jurant qu'il n'est Roi que par *la grâce de Dieu*, avertit les hommes que sa personne est inviolable et *sacrée*; inviolable, parce qu'elle est au-dessus des humains; sacrée, parce qu'elle représente sur Terre le Roi des Rois.

Cette formule est un hommage rendu par le Roi à Dieu, comme elle est un précepte du devoir, au peuple, de reconnaître, dans la personne du Roi, une émanation de la divinité.

L'existence du règne des Jacobins, des comités, du gouvernement révolutionnaire, d'un Empereur, n'était point une grâce de Dieu. Elle n'était que l'une de ces conceptions infernales dont Dieu a toléré les funestes effets, pour prouver que, si le méchant peut jouir un moment de ses mauvaises actions, le Roi des Rois peut en arrêter le frein quand il lui plaît.

Disons plus : accordons à Méhée que les révolutionnaires ont été créés par la grâce de

Dieu. Il voudra bien aussi convenir que leur chute est arrivée par la grâce de Dieu.

Eh ! si nous convenons tous que le bien et le mal se font par la grâce de Dieu, pourquoi Méhée ne voudrait-il pas que les successeurs des trônes disent qu'ils sont Rois par la grâce de Dieu ?

Les ministres auraient eu tort de dire que Louis était Roi de France parce que le peuple français (d'aujourd'hui) l'a voulu. Ils seraient coupables d'avoir méconnu le droit successif des Bourbons au trône, commencé au neuvième siècle et continué jusqu'à ce jour. Ils seraient accusés d'ignorance, de perfidie par Méhée lui-même, qui confesse que Louis XVIII est le descendant de S. Louis, rappelé par ses ancêtres.

Les articles des journaux n'appartiennent point aux ministres ; et si des journalistes ont publié qu'après Dieu, Louis XVIII devait sa couronne au prince royal d'Angleterre, ils ont dit la vérité.

Les Anglais ont déclaré la guerre à la France, immédiatement après l'assassinat de Louis XVI, en refusant de correspondre avec l'ambassadeur de France à Londres, à cause de la suspension de l'infortuné Louis XVI. Après l'ouverture de la convention nationale, toute correspondance a été interrompue entre les deux Etats ; à la nouvelle de l'exécution du Roi, ils ont donné ordre à l'ambassadeur de France de quitter la Grande-Bretagne dans huit jours. Ils ont reçu les émigrés ; ils ont favorisé celles des puissances étrangères qui ont voulu rétablir les Bourbons dans la France. Ils ont donné asyle à cette vénérable famille ; enfin, ils ont formé la coalition de l'Europe, qui a renversé le *gouvernement devenu insupportable*. Avouons-le franchement, lord Castlereagh n'a donné le secret du ministère anglais que sur la route de Châtillon à Paris, aux puissances alliées ; et les Anglais, qui connaissaient les sentimens de la masse saine des Français, rappelant, de cœur, leur Roi légitime, ont imposé silence à une nouvelle faction qui, accoutumée à régner en France, ne voulait, ne désirait qu'une régence. Oui, ce sont les Anglais qui ont rétabli Louis XVIII.

A la vérité, l'amour du peuple redemandait son Roi ; et sans la vive expression de ses sujets fidèles, qui auraient fait prisonnières les troupes des alliés, si elles avaient voulu agir en conquérantes, Louis XVIII n'aurait pas repris, de fait, la couronne de ses ancêtres, sans effusion de sang, sans une guerre civile, peut-être. Mais Dieu avait inspiré les Anglais ; et les Anglais ont été les principaux exécuteurs de sa volonté divine.

Sa Majesté, ajoute Méhée, avait reconnu, il y avait quelque mois seulement, qu'elle était appelée au trône par l'amour de ses peuples, et les ministres lui font dater tous ses actes de l'an dix-neuvième de son règne... Voudrait-on rendre, par là, le Monarque responsable des maux que nous avons soufferts pendant cette longue époque?... Aurait-on voulu prouver que tous nos actes, depuis dix-neuf ans, sont autant de crimes et de rébellions ?

Méhée dit convenir que la royauté ne meurt point en France ; que si le plus fort, ou plutôt le plus audacieux, poursuit, le fer étincelant à la main, le Roi, qui ne doit le salut de sa personne qu'à la fuite, le Roi ne cesse pas d'être Roi, n'importe dans quel endroit Dieu dépose son représentant sur terre. Si sa fatale position l'empêche d'être au milieu de son peuple, de marcher, dans l'intérieur de son royaume, à la tête de ses fidèles sujets, contre les troupes des révoltés ; si, pour reprendre plus efficacement l'exercice de ses droits légitimes, il doit attendre du temps que le peuple, faisant la cruelle épreuve de toute espèce de gouvernement, successivement établi par des ambitieux, des anarchistes, se réunisse à la masse de ses dévoués serviteurs, il est toujours et ne cesse d'être Roi. Chaque année d'existence forme le calcul de son règne.

Or, après la mort de Louis XVII, Louis XVIII a été Roi, habitant les pays étrangers pendant dix-neuf ans, parce que, comme nous l'avons dit, *le mort saisit le vif.*

N'a-t-il été Roi que par fiction de la loi, son règne a été de dix-neuf années.

A-t-il été Roi agissant ? Oui ; n'avons-nous pas sous les yeux sa déclaration du 28 janvier 1794, portant reconnaissance du Dauphin pour Roi de France, sous le nom de Louis XVII ? son manifeste, par lequel il accordait un pardon général à tous les Français qui se soumettraient à son autorité, comme Roi de France et de Navarre, après le décès de Louis XVII ? N'a-t-il pas exigé, comme Roi, de la république de Venise, l'armure dont son aïeul Henri IV lui avait fait présent, et la radiation, sur le livre d'or, de six noms de sa famille, quand les Vénitiens, effrayés par la marche rapide des républicains, lui notifièrent l'ordre de quitter leur territoire ? N'a-t-il pas créé et entretenu en France, sous le nom de Vendéens, marchant sous sa bannière royale, un corps d'armée, qui n'a capitulé avec le chef du gouvernement d'alors, qu'après son épuisement. Enfin, en janvier dernier, n'a-t-il pas envoyé aux autorités de France sa déclaration datée à Harwell, comté de Buckingham, en Angleterre? Cette série d'actes publics ne prouve-t-elle pas que Louis XVIII n'a cessé d'agir comme Roi.

Certes, Louis XVIII pouvait déclarer que tous les actes de mort, de confiscation, pendant dix-neuf ans, étaient autant de crimes et de rébellions... Mais il est Bourbon. La bonté est innée dans cette auguste dynastie... Il a cru devoir céder à ce sentiment héréditaire de pardonner, d'oublier les scènes d'horreur qui ont ensanglanté le plus beau pays du monde, pour rappeler aux pieds d'un père, des enfants qu'il n'a voulu voir qu'égarés.

Mais, pour avoir la puissance de pardonner et d'oublier, il faut avoir une qualité. Cette qualité était dans son titre de Roi; et comme les actes de crimes et de rébellion se sont multipliés pendant son règne, les ministres ont dû dire que le Roi, qui régnait pendant les dix-neuf ans de destruction et d'anarchie, pardonnait et oubliait ces crimes, qu'il avait droit de déférer aux tribunaux.

C'est par sa grâce royale, et non pas seulement par esprit politique, que Louis XVIII a interdit aux tribunaux la faculté de rechercher les délinquants.

Méhée interprète à sa manière l'art. 11 de la Charte royale. Rétablissons cet article :

« Toutes *recherches* des opinions et votes » émis jusqu'à la restauration, sont interdites. » Le même oubli est commandé aux tribunaux » et aux citoyens. »

Il accuse les ministres d'avoir violé cette *clause* dès le lendemain du jour de la promulgation de la Charte constitutionnelle.

Il y a eu, dit-il, des *commémorations* funéraires en l'honneur de tout ce qui a péri victime de son attachement à l'un des partis qui ont divisé la France. La presse, le burin, les chaires publiques et les théâtres, nous reproduisent les faits que l'on prétend vouloir ensevelir ; on essaie de couvrir la France d'un crêpe funèbre, et de la transformer en un vaste lacrymatoire....

Quoi ! Méhée, vous voulez la liberté *illimitée* de publier et de faire imprimer les opinions, et par l'une de ces inconséquences qui vous sont assez familières, vous voulez que cette liberté n'ait son effet que pour les faits qui datent après la restauration.... Personne n'est dupe de la *raison* de cette restriction.

Entendez donc les articles... Le roi a défendu aux citoyens de se plaindre, devant les tribunaux, des opinions et des votes émis jusqu'à la restauration ; en même temps il a défendu au ministère public de rechercher les délits et les crimes commis en résultance des opinions et des votes, parce que les lois accordent aux citoyens, comme aux gens du Roi, le droit de se plaindre.

C'est dans l'ensemble de cet article, qui ne peut être divisé, que vous trouverez cette explication toute naturelle.

Mais, quant au droit accordé à tous de publier les horreurs de la révolution, les opinions et les votes émis jusqu'à la restauration, il reste entier ; les faits des hommes publics appartiennent à l'histoire, et tant que l'historien ne fait pas un ouvrage diffamatoire, un ouvrage troublant la tranquilité publique, contraire à l'art. 2 de la charte, ne blessant pas les mœurs (caractères de délits et de crimes énoncés dans l'art. 5 de la loi sur la liberté de la presse), il est sous la sauve garde de la loi.

S'il en était autrement, Méhée ferait donc reproche au Roi d'avoir dit, dans son discours à la chambre des députés :

« Un souvenir douloureux vient toutefois
« troubler ma joie. J'étais né, je me flattais de
« rester toute ma vie le plus fidèle sujet du
« meilleur des rois, et j'occupe aujourd'hui
« sa place. Mais du moins il n'est pas mort tout

« entier; il revit dans ce testament qu'il des-
« tinait à l'instruction de l'auguste et malheu-
« reux enfant auquel je devais succéder. C'est
« les yeux fixés sur cet immortel ouvrage, c'est
« pénétré des sentiments qui le dictèrent... »

Le Roi a parlé de Louis XVI, de Louis XVII, du testament...; conséquemment des *juges* de son infortuné frère.

Méhée ferait reproche à M. le chancelier de France d'avoir dit, dans son discours à la même chambre : « La France, divisée par l'esprit d'in-
« trigue, aveuglée par de vaines apparences de
« liberté, était devenue la proie de toutes les
« factions, comme le théâtre de tous les excès,
« et se trouvait livrée aux plus horribles con-
« vulsions de l'anarchie. »

Méhée reproche à la famille royale d'avoir arrosé de pleurs le tombeau du Roi-Martyr, acte religieux et de piété; aux prêtres d'avoir prononcé l'oraison funèbre du meilleur des rois; aux fidèles d'avoir uni leurs prières aux vœux des Bourbons, demandant grâce à l'E-ternel en faveur des hommes coupables; aux parents d'avoir payé, dans les temples, le tribut d'un devoir sacré aux victimes de leur dévouement royal.

Méhée reproche au Roi de voir, dans le passé, quels sont les hommes qui, condamnés par les factions pour avoir désiré son retour en France, rament maintenant sur ses galères, et sont dignes de recouvrer leur liberté; quels sont les arrêts qui ont essayé de flétrir les royalistes pour les casser...

Le Roi restaure le royaume; il ne peut donner sa confiance qu'à ceux de ses sujets dont l'amour pour la royauté n'est point équivoque.

Comment saura-t-il que Méhée s'est mis au rang des candidats pour poignarder le premier roi qui se présenterait? Quels sont les députés, aujourd'hui magistrats et administrateurs, qui ont juré haine à la royauté, et mort aux rois? Quels sont les individus qui ont trempé dans ces complots infâmes d'assassinat contre sa personne, dans l'étranger? Quels sont ces vils caméléons qui ont appris à crier: vive le Roi! vive la ligue? L'histoire de la révolution a été écrite sous la censure de la tyrannie; les historiens n'ont pu faire les portraits des gens en place, parce que la crainte d'être enfermés dans d'affreux cachots a retenu leur pinceau.

Ce n'est que sous un gouvernement paternel que la plume peut tracer ces lignes de vérité qui éclairent les rois et les peuples. La loi garantit que la calomnie sera punie. Les écrivains ne peuvent donc frapper, dans leur honneur, les citoyens qui n'ont été qu'égarés, dont les mains sont pures.

Ce n'est pas parce que Pierre a servi Robespierre ou Buonaparte, que Pierre doit être éloigné ; mais bien parce qu'il a prononcé volontairement, et de cœur, l'arrêt de mort des Bourbons; parce que, revêtu de l'autorité, il ne l'a employée qu'à rendre aux victimes leur détention cruelle, à fournir au tyran des innocents pour encombrer les prisons, et des aliments à sa rage dévoratrice.

Béni soit celui qui, chargé de grands pouvoirs, n'a vu dans cette successibilité de gouvernements qui ont dépeuplé la France, qu'une boussole pour se conduire, celle de la justice, et qui, avec ce secours, ne s'est point égaré !

Voilà les hommes dont la vie peut être écrite. Si le burin offre à l'un la noirceur de son ame, il présente à l'autre la consolation d'avoir fait le bien dans des temps difficiles.

» Nous pourrions, ajoute Méhée, renouveler
« les hommages funèbres que nous avons ren-
« dus jadis aux hommes qui ont péri au 10
« août, et aux patriotes assassinés au *Fort-*
« *Jean* de Marseille, à Lyon, Avignon, etc. »

Les hommes qui ont péri au 10 août attentaient à la monarchie, aux jours du Roi : c'étaient des révoltés contre l'autorité légitime ; ils sont le principe de ces journées calamiteuses qui ont vu le Roi suspendu, le Roi assassiné ;

sas serviteurs sincères périssant sur l'échafaud, etc. Certes, le rétablissement de la monarchie et de la dynastie régnante est l'arrêt qui condamne leurs crimes. La bonté royale a amnistié leur mémoire, et tout autre que Méhée aurait rougi de publier, en ce moment, que des criminels sont dignes d'hommages funèbres.

Les patriotes assassinés au fort St.-Jean, à Lyon, Avignon; les exploiteurs de la Glacière, les égorgeurs de Marseille, de Lyon, sont péris par le fer des réactionnaires. Ceux-ci ont eu tort, si le fait est vrai, de tremper leurs mains dans leur sang : le peuple ne peut jamais faire justice dans un état où il y a des tribunaux. Mais que Méhée cite un nom de ces victimes de la réaction, qui, au réveil de la justice, aurait pu obtenir absolution de ses faits révolutionnaires?

Si donc ces égorgeurs étaient prévenus d'assassinats, et si par un mouvement blâmable des opprimés, ils ont échappé à la rigueur des lois, comment Méhée ose-t-il dire qu'ils sont dignes des hommages funèbres?

Le Roi a voulu qu'on oublie tout de part et d'autre, c'est-à-dire, il a voulu que les recherches judiciaires et les plaintes en justice fussent interdites, et que les tribunaux ne fussent pas les théâtres du spectacle horrible d'un fils qui réclame son père égorgé par les proconsuls révolutionnaires ; d'un propriétaire qui demande au proconsul ses diamants, ses bijoux, son argent, etc.

Mais il ne peut pas empêcher que nos enfants lisent dans notre livre historique, maintenant écrit avec force et vérité, à quels dangers les attaques portées à la monarchie exposent les Etats et les personnes, et quelle peine auraient encourue les révoltés contre l'autorité légitime, si la clémence royale n'avait fermé les portes de la justice aux réclamations, aux plaintes.

Le Moniteur, les journaux devraient donc être brûlés sur la place publique, parce qu'ils contiennent l'historique, quoiqu'imparfaite, des crimes révolutionnaires?.... Non. Ils appartiennent à la postérité.

Si ces feuilles ne peuvent être consumées par les flammes, pourquoi retiendrait-on la main de l'homme froid, jaloux de redresser des erreurs, et de donner, comme témoin oculaire, des matériaux utiles à l'histoire?

Les proscriptions des tyrans romains nous sont connues par la voie de la presse, et Méhée se bat les flancs pour demander que les proscriptions de Roberspierre et de Buonaparte ne soient point transmises à la race future. Pourquoi Méhée, qui a fait l'histoire de la révolution de Pologne, avec un examen de sa nouvelle constitution, en 1792, s'oppose-t-il à ce que nous faisions l'histoire de la révolution française? C'est parce que Méhée, chevalier de la Touche, jouera un rôle très *important* dans les pièces historiques...... C'est....

Le Roi veut oublier les votes et les opinions, et les ministres bravent insolemment la volonté du Monarque, s'écrie Méhée, en chassant, comme on a fait, de tous les emplois publics les hommes qui, dans le procès de Louis XVI, ont adopté l'opinion fatale à ce malheureux prince.

Tous ces votants ont juré haine à la royauté; tous ils ont proclamé cette loi draconienne: *Mort à qui rappelerait un Roi en France!* Plusieurs ont essayé d'établir douze cents tyrannicides pour assassiner tous les Rois. Quelques-uns ont considéré les Rois, en morale, comme des monstres en physique. Un grand nombre s'est mis sur la liste des candidats pour poignarder le premier Roi qui se présenterait en France......

Tous les votants qui ne devaient qu'à leurs opinions démagogiques, et à leur haine contre les Rois, les places d'administration ou de judicature, pourront-ils, en conscience, servir la cause du Roi, administrer, rendre la justice au nom du Roi? Les parquets, composés en partie de régicides, pourraient-ils se dire gens du Roi, eux qui en ont tué un, et juré de tuer tous ceux qui lui succéderont?

Le Roi, qui a la haute police du royaume, et qui fait administrer la justice en son nom, par des juges qu'il nomme et qu'il institue, ne chasse point les votants, mais il ne les emploie pas; il ne doit pas les employer, par égard pour la mémoire du Roi Martyr, par égard pour le peuple français dont ils ont perdu la confiance, par égard pour l'intérêt de la chose publique.

Si la raison avait pu éclairer les *juges* du Roi, ils auraient tous offert leur démission. Mais ils restent en place; ils font même des adresses de dévouement à la dynastie, dont ils ont fait disparaître deux membres. Pourquoi?... C'est parce que, comme le disent quelques-uns d'entre eux, nous servirions mieux B.., s'il revenait, en gardant nos places, que si nous n'étions que de simples particuliers. Ils ne peuvent pas croire au retour de ce tyran; mais cette pensée sert de prétexte à leur obstination de garder des fonctions qui les élèvent au-dessus du peuple, dont ils n'ont pas l'amour.

Celui qui écrit les faits et gestes révolutionnaires d'un votant, l'opprime, dit encore Méhée, et toute la société est lésée, quand un individu est opprimé.

L'écrivain n'opprime point, quand il ne dit que la vérité. La calomnie seule opprime. Le calomnié a la voie des tribunaux, pour faire cesser, en ce cas, l'oppression; auprès du mal est le remède.

Oubliera-t-on que quatre-vingt-dix mille communes avaient chacune, à cette époque, deux ou trois comités qui se *sont empressés* d'applaudir à leurs représentants? Oubliera-t-on les adresses innombrables, par lesquelles on s'est hâté de féliciter la convention, et les deux millions de signatures qui attestent l'assentiment volontaire de tant d'hommes?

Les membres des comités révolutionnaires étaient, en grande majorité, composés de la plus basse classe du peuple. Les signataires des adresses étaient des fonctionnaires sans-culottes, qui cédaient à l'impulsion des votants, et qui formaient leurs auxiliaires. Est-ce là le peuple de France? Ces malheureux n'ont pas donné et fait compter *leurs voix*, pour que l'on assassinât Louis XVI : ils ne sont donc pas régicides. Esclaves des maîtres-votants, ils n'ont pas eu une conscience, une opinion libre. Ils ont fait du mal, sans doute, mais ils n'ont pas prononcé le fatal arrêt. Ils ne sont pas en place, ou s'ils occupent une petite fonction, ils n'ont aucune influence morale ni physique.

Dans ces sortes de proscriptions, on a l'air, continue Méhée, d'excepter l'armée... Est-ce que l'armée est délibérante? Elle ne s'occupe point de politique, elle vole à la victoire.... Les deux tiers de l'armée sont composés de conscrits, ou de jeunes gens qui étaient à peine nés lors de la mort de Louis XVI, et l'armée est étrangère aux *juges* qui ont condamné Louis XVI à mort.

Mais les soldats appartiennent à cinq cent-mille familles; et, suivant Méhée, les cinq cent-mille familles sont menacées de proscription.

C'est ici que Méhée trahit son secret.

En principe, les crimes sont personnels. En fait, les militaires repoussent les assassinats; ils ne savent que vaincre.

Si non pas cinq cent-mille familles, mais trois cent cinquante-quatre personnes, sont coupables d'avoir livré la tête de leur Roi au bourreau, plusieurs de leurs enfants, de leurs proches, ont contribué à donner à l'armée française cette réputation méritée de bravoure, dont le Roi légitime s'enorgueillit, et que les étrangers admirent.

Où donc Méhée a-t-il vu que le Roi avait lancé ses foudres de proscription ? Il déplace un votant, parce qu'il n'a pas sa confiance; mais il conserve dans son grade, ou bien il élève en place son parent, brave militaire, dont l'épée a fondé la fortune.

N'est-il pas de notoriété publique que la valeur est récompensée, sans distinction de parenté, de naissance, et que les officiers qui ont commencé leur carrière militaire depuis vingt ans, ont, jusqu'à présent, la préférence sur les anciens serviteurs du Roi, dont la résignation est vraiment une vertu, et dont le bon esprit s'accorde parfaitement avec les vues du monarque ?

C'est-là un fait qu'on oppose à la perfide supposition; et cette manière d'argumenter ne conviendra pas, sans doute, au raisonneur Méhée.

Par cette conduite, le Roi, bien loin de *semer la terreur dans les ames que S. M. avait entrepris de tranquilliser*, manifeste clairement que sa volonté royale est de voir, dans les anciens comme dans les nouveaux militaires, ce sentiment de bravoure qui, ne faisant aucune acception de personnes dans les camps, est un et même dans son esprit. Tant que le militaire sera soumis par devoir au Roi, il aura droit à sa justice ; mais si un mauvais génie le rendait parjure à son serment, alors le Roi aurait raison de l'éloigner de son sein, de le frapper au moment même où il poserait le germe de l'insurrection.

Eh ! quel est le militaire, sans paie depuis deux ans, toujours dans les camps, dévoré par la famine, ruiné dans sa santé, et certain de périr dans une première ou deuxième campagne, sans espoir d'avoir une retraite, même à la fin de ses jours, qui ne bénit pas la main royale qui a signé le traité de paix avec les puissances liguées contre un gouvernement illégitime, oppresseur ? Car le soldat qui, sous Buonaparte, prenait les armes, perdait l'espérance de revoir ses dieux pénates, sa famille ; ou, s'il revenait au milieu de ses parents, c'était avec des membres mutilés, sans un secours suffisant pour assurer son existence ; souvent il était obligé de mendier dans les rues pour trouver un lieu où pouvoir reposer sa tête. Les Méhée répondront : — Le soldat pouvait devenir général. — Mais ils dissimuleront que pour parvenir à ce grade, il fallait que dix mille soldats mourussent à ses côtés. Et quand il sera général, vivra-t-il tranquille dans ses terres, au milieu de ses dotations ? Non. Un ordre lui enjoindra, fût-il même blessé, de se rendre sous les drapeaux : une balle, un boulet lui donneront la mort.

Aujourd'hui, le soldat, après peu d'années de service, rentrera dans ses foyers ou restera à l'armée. Cette alternative présente ou des jours de repos ou des jours de gloire : il est libre de choisir.

Il a été militaire, il est un sujet utile. Le Roi, ses concitoyens, lui rendent justice : voilà la consolation, la fortune du soldat.

Peu importe quelle a été l'opinion de sa famille dans les temps révolutionnaires ; il a servi l'Etat, c'est là le point de vue sous lequel il est considéré.

Voilà, Méhée, une réponse toute simple, toute naturelle à cette objection captieuse que les méchans esprits tâchent de répandre dans l'armée française.

Revenant à votre proposition, Méhée, nous dirons que si le souvenir des opinions et des votes peut affliger, même troubler (on ne sait pourtant pas trop pourquoi), la tranquillité *individuelle*, il ne peut jamais troubler la tranquillité *publique*. Ainsi, tout écrit qui ne rappelle que la conduite des votants, en faisant connaître la charte du Roi qui pardonne, n'est point opposé à la constitution, et encore moins à la loi sur la liberté de la presse.

Méhée poursuit :

« Le Roi a voulu que nulle différence ne fût mise entre les propriétés dites nationales et patrimoniales. Nous ne dirons pas que les ministres aient directement et positivement établi cette différence, mais elle existe de fait, parce que personne ne veut prêter sur les biens nationaux. »

Ici Méhée n'accuse ni le Roi ni les ministres. Qui donc accuse-t-il ? Le public, qui n'a pas de confiance dans le *droit de propriété* des biens dits nationaux.

Méhée pense-t-il que sa *dénonciation au Roi* soit de nature à relever de leurs craintes les acquéreurs des biens dits nationaux ? Qu'exige-t-il du Roi et de ses ministres en plus outre ?

Méhée continue :

« Le Roi a voulu que la liberté individuelle fût garantie. Qui peut assurer que personne n'ait été arbitrairement arrêté, lorsque la seule manière dont nous pourrions en être instruits (la correspondance des journaux), est exclusivement entre les mains des ministres, contre le vœu du Roi et de la justice; lorsque tout article envoyé à insérer dans une feuille publique, est toisé et exploré par

» un commissaire du Roi, nommé par les mi-
» nistres. »

Où donc Méhée a-t-il vu que les journaux étaient les seules voies par lesquelles on apprenait les arrestations?

Les concierges ne peuvent recevoir les prévenus qu'autant qu'ils sont nommés et désignés le plus clairement possible dans les mandats de comparution, d'amener et de dépôt. Ainsi, Méhée, courez dans les maisons de détention, et vous verrez si vos amis ont été arrêtés arbitrairement; c'est là la *seule* voie de s'assurer que la détention est ou n'est pas arbitraire.

Les journaux et écrits périodiques ne peuvent plus paraître qu'avec l'autorisation du Roi, dit la loi sur la liberté de la presse.

Devez-vous inférer de cette loi, Méhée, que le Roi *peut* ordonner qu'aucuns journaux ne paraîtront? Non. L'intérêt du Roi est que les journaux, surtout ceux proscrits au 19 fructidor, comme faits par des agents royaux, éclairent de plus en plus le peuple sur les bienfaits de la restauration.

Les ministres, pensez-vous, feront explorer par leurs commissaires les articles à insérer, et, par conséquent, les journaux seront toujours dans leurs mains.

Si la loi contenait cette disposition, elle ne

serait peut-être pas, dans les circonstances présentes, susceptible d'une critique sensée. Mais le texte et l'esprit de la loi ne nous paraissent pas avoir été bien saisis par Méhée.

Les défenses de faire des ouvrages diffamatoires, etc., s'appliquent aux journaux; et la manifestation de la diffamation écrite, soit dans des écrits au-delà de vingt feuilles d'impression, soit dans les journaux, comporte toujours un délit ou un crime.

Méhée ajoute :

« Le Roi a voulu que les ministres fussent » *responsables*, mais avec cette restriction, » qu'on ne peut les poursuivre que pour *trahi-* » *son* ou pour fait de *concussion;* et c'est dans » le vague de ce mot, *trahison*, qu'ils espèrent » trouver leur salut. »

Toute entreprise contre les lois de l'état, professe-t-on en Angleterre, est un crime de *trahison*.

Nous conviendrons avec Méhée que l'art. 56 de la charte, qui dit que les ministres ne peuvent être accusés *que* pour fait de *trahison* et de *concussion*, ne renferme pas précisément le droit de les accuser comme coupables de détentions arbitraires et de violation de la liberté de la presse; mais aussi cet article ajoute que des lois particulières spécifieront cette *na-*

ture de délits, et en détermineront la poursuite.

Jusqu'à ce que les lois devant *spécifier la nature* des délits soient rendues, n'en existe-t-il pas qui soient appliquables aux ministres sur les cas dont il s'agit?

L'art. 112 du sénatus-consulte du 28 floréal an 12, qui avoit établi une haute-cour impériale, ne dit-il pas que le corps-législatif dénonce les ministres ou agents de l'autorité, lorsqu'il y a eu, de la part du sénat, *déclaration de fortes présomptions de détentions arbitraires*, ou *de violation de la liberté de la presse?*

Quand l'art. 4 de la charte établit que la liberté individuelle est garantie, et que les Français ont le droit de publier et imprimer leurs opinions, n'est-ce pas une entreprise contre les *lois de l'état* que d'attaquer la liberté individuelle et la liberté de la presse, sans cause raisonnable? N'est-ce pas là un crime de trahison? car la défense de faire quelque chose contre les lois entraîne nécessairement une peine, et une condamnation est toujours précédée du titre d'accusation. La chambre des pairs remplace, dans cette partie, la haute-cour impériale, et les lois auxquelles il n'est pas dérogé agissent toujours.

Jusqu'à présent les tribunaux n'ont retenti que d'une réclamation contre l'arrêté d'un ministre qui avait disposé de l'exercice d'une propriété privée en faveur d'un étranger, sans le consentement des propriétaires. Les juges ont consacré le principe, que le ministre n'avait pas eu la faculté de porter atteinte à l'art. 9 de la charte, et son arrêté est considéré sans existence légale. Il faut rendre cette justice au ministre, que cet arrêté avait été surpris à sa religion (1); et il y a même lieu de croire qu'il est maintenant rapporté.

M. Farès a déjà présenté un projet de loi sur la responsabilité des ministres. Ainsi Méhée, qui ne cite aucuns faits à charge contre les ministres, se donne bien *innocemment* le plaisir de jeter le venin qui l'étouffe sur les conseils du Roi, et de les présenter au peuple comme disposés à tourmenter *toute une nation qui voit se r'ouvrir devant elle le gouffre épouvantable de l'arbitraire.*

Méhée aurait bien mieux fait de publier que si les ministres abusent de leur pouvoir, les opprimés trouveront protection dans la justice du Roi, *qu'il avoue* être *juste*, et dans le sein des tribunaux.

---

(1) Théâtre de la Porte St.-Martin.

Méhée met en fait que le Roi « a fait lire de-
» vant l'assemblée solennelle qui a reçu la
» constitution, une ordonnance qui exclut les
» étrangers de toutes les fonctions importantes,
» ne voulant admettre à l'exercice des droits
» des citoyens français aucun étranger qui
» n'aurait mérité ce titre par des services im-
» portants ; et un mois après tous les jour-
» naux nous ont appris qu'on traitait avec la
» Suisse des conditions d'une capitulation qui
» doit mettre à la merci d'une troupe d'étran-
» gers le dépôt sacré de la personne du Roi...,
» et cela lorsque l'on a en France vingt mille
» officiers qu'il faut réformer par économie. »

Méhée accuse les Suisses d'avoir, le 10 août,
sans ordre du Roi, et certainement contre son
gré, obéi à l'impulsion d'un courage aveugle,
et d'avoir *commencé* un combat qui, peut-être,
n'aurait pas eu lieu, si des Français eussent été
à leur place.

Imposteur effronté ! Méhée était au château
comme faisant partie de la compagnie des gre-
nadiers du bataillon de St.-Etienne-du-Mont,
qui pouvait bien être contraire au mouvement
dirigé contre le Roi ; mais Méhée avait-il le
bon esprit de ce bataillon ? Son billet du 17
septembre, un mois après cet attentat ; sa no-
mination à la place de secrétaire-greffier adjoint

des quarante-huit sections de la municipalité, sous la présidence de Huguenin; son élection de secrétaire-adjoint de la commune de Paris, au 18 août, sous la présidence de Lavau ; enfin, sa conduite antérieure et ultérieure ne dépose-t-elle pas contre la déclaration tardive de sa foi ?

Mais quand, comment Méhée ose-t-il accuser les Suisses d'avoir commencé le combat, quand nous lisons, dans les procès-verbaux des séances de la convention, que Guadet, président, a affirmé (le 11 août), que les Suisses avaient déchargé leurs armes en l'air, afin de prouver au peuple qu'ils avaient reçu la défense de tirer sur lui ; quand La croix, dans la même séance, déclare que les Suisses accouraient portant les armes sous le bras, et quand il est de notoriété publique que ces braves se sont laissés égorger à leur poste, sans se servir de leur fusil.

Par l'ordonnance royale dont parle Méhée, le Roi s'est réservé le droit de donner le titre de *citoyen français à l'étranger qui l'aurait mérité par des services importants*.

S'il a le droit d'accorder ce titre à l'étranger, certes il peut bien appeler auprès de sa personne des troupes étrangères, qui, dans tous les temps, ont si bien mérité de la France.

Il devait cette justice aux Suisses, d'abord par reconnaissance de leurs services, et surtout par leur conduite au 10 août; ensuite, à raison du traité de paix de l'an 1516.

Le gouvernement révolutionnaire de France n'avait-il pas renouvelé ce même traité, le 27 septembre 1803, et les Suisses n'ont-ils pas été, depuis long-temps, au service de la Franec? Monsieur n'a-t-il pas toujours été colonel-général des Suisses?

La terreur que semble vouloir inspirer Méhée au Roi, à ses sujets, en disant que les Suisses se croiront peut-être chargés de venger, sur un peuple bien innocent, la catastrophe si funeste aux régiments qui les ont précédés, est d'une duplicité d'ame bien condamnable.

Les Suisses, au nombre de cinq à huit mille en France, pourraient-ils se flatter de massacrer des troupes françaises au nombre de deux cent mille hommes sur pied; la garde nationale de Paris, forte de plus de vingt-cinq mille hommes; les habitants de Paris, actifs, comptant plus de deux cent cinqnante mille hommes?

Leur caractère est d'être loyaux et obéissants; et quand ils ont pour colonel-général Monsieur, dont ils reçoivent les ordres, par l'entremise du Roi, dont la bonté et la franchise sont un objet d'admiration, qui peut supposer, à moins d'être injuste, alarmiste, profondément pervers, qu'une petite portion d'étrangers va faire une contre-révolution en France? Les braves Gardes-du-Corps sont dans les appartements du Roi, l'infatigable Garde Nationale fait le service de l'intérieur, les Suisses sont aux portes du palais avec les troupes de ligne, et la plus parfaite intelligence règne entre les gardiens de notre Monarque et les défenseurs de l'Etat.

Méhée ne peut pas accuser ici les ministres de faire un acte anti-constitutionnel, en signant une capitulation avec la nation Suisse, parce que la constitution ne le défend pas. Mais, dans sa haute conception, il regarde l'appel en France d'une troupe de Gardes-Suisses comme éminemment impolitique, ou, si l'on aime mieux, d'une très imprudente politique, et déjà il prédit qu'elle sera fatale à la France.... Cette prédiction donne la valeur des *combinaisons* du nouveau Calchas. Le peuple est las de révolutions, Méhée, et tous les prophètes de son espèce sont sans crédit.

Enfin, Méhée termine par réfuter l'opinion de l'ami Mont-Gaillard, qui dit : « que le » *devoir* de tout Français est d'obéir à la loi » sitôt qu'elle est promulguée.

» Cette concession paraît *peu* nécessai-
» re, et le mot *devoir* est *peut-être* ici un
» peu hasardé. On obéira sans doute, mais on
» obéira comme on obéissait à l'Empereur
» Napoléon. Peut-on appeler devoir la con-
» cession du faible au fort ? soumission dont
» on s'affranchit *dès qu'on devient plus fort*
» *que celui qui l'avait imposée*.

Méhée finit donc son libelle par une provocation à la désobéissance.

Celui-là, seul, est citoyen qui obéit à la loi. Quiconque se met à la tête d'un parti pour ne se soumettre à la loi que jusqu'au moment où il sera plus *fort* que celui qui l'a imposée, afin de la renverser, est coupable d'attentat à la sûreté de l'Etat.

La critique est permise, sans doute ; mais le censeur ne doit pas armer le citoyen qui ne veut pas obéir contre celui qui croit de son devoir d'obéir.

Le souverain fait des lois : bonnes ou mauvaises, dit Rousseau, elles doivent être exécutées. Des remontrances appartiennent à tout individu, mais non pas le fer à la main, contre l'autorité légitime. Autrement la guerre civile menace, et quelquefois détruit l'Etat.

N'obéissez pas par devoir, dit Méhée, mais soumettez-vous jusqu'à ce que vous deveniez plus *fort* que la loi. Ce qui dit bien clairement : formons un parti plus considérable que celui qui nous gouverne, et quand ce parti croira avoir les moyens de s'affranchir de la loi, il détruira la loi.

La loi est la sauve-garde de l'état. Détruire la loi, c'est sapper les fondemens de l'état : disons plus, c'est porter une main parricide sur ceux même dont émanent les lois.

Méhée n'est pas assez fort, par lui-même, pour s'affranchir de la loi... Aussi dit-il qu'il faut se soumettre seulement jusqu'au moment *où l'on devient plus fort* que celui qui l'a imposée... Ainsi il appelle autour de lui tous les anarchistes, tous les coupe-jarrets qui ont été élevés avec ce fatal précepte « que « l'insurrection est le plus saint des devoirs ». D'un côté nous verrions les amis des lois armés pour leur défense, parce qu'elles sont tutélaires de la propriété et de la liberté ; et d'un autre côté nous compterions quelques ennemis de tout ordre social, armés pour son anéantissement. Tel est l'essai des forces que provoque Méhée !

Mais Méhée a-t-il oublié que le Code pénal dit, art. 91, que l'attentat ou le *complot* dont le but sera d'exciter la guerre civile en armant, ou en *portant* les citoyens, ou habi-

4

tants, à s'armer les uns contre les autres, est puni de mort ?

Ne connaît-il pas l'art. 102 du même Code, portant : » Seront punis comme coupables des » crimes et *complots* mentionnés dans l'article » ci-dessus tous ceux qui, par discours tenus » dans des lieux et réunions publics, soit par » placards affichés, *soit par des écrits impri-* » *més*, auront excité directement les citoyens, » ou habitants, à les commettre. Néanmoins, » dans le cas où lesdites provocations *n'auraient* » *été suivies d'aucun effet*, les auteurs seront » simplement punis du bannissement. »

Bien évidemment le discours *imprimé* de Méhée, qui *provoque* une portion de citoyens à devenir plus forte que l'autorité qui a imposé la loi, pour s'en affranchir, forme un *complot* tendant à la guerre civile, et ce *complot*, quoique non suivi, quant à présent, d'aucun effet *apparent*, est punissable.

Nous ne demandons pas le bannissement de Méhée, parce que nous ne sommes pas chargés de l'exécution des lois. Nous voulons seulement établir que son discours *imprimé* est un libelle capable de troubler la tranquillité publique.

Nous nous demandons pourquoi Méhée, dont le nom n'est que trop connu dans les fastes révolutionnaires, s'est-il chargé de la fonction d'accuser les ministres, et de provoquer l'attentat contre les trois puissances dont émanent les lois ? Pourquoi Méhée a-t-il menti à sa conscience dans la citation de différents faits ? Pourquoi a-t-il voulu prouver que notre Roi n'était légitime que par le *choix libre de la nation, qui s'est prononcée le 31 mars dernier ?* Pourquoi Méhée, qui nous parle du 10 août, ne veut-il pas que les écrivains rappellent les horreurs de la révolution, en donnant une fausse interprétation de l'art. 11 de la Charte royale ? Pourquoi inspire-t-il des craintes aux acquéreurs de biens nationaux, sans citer aucun acte ministériel qui motive ces craintes ? Pourquoi Méhée déclame-t-il contre la liberté *limitée* de la presse, lui qui se donne les airs d'en user si largement ? Pourquoi Méhée invective-t-il les Suisses, et cherche-t-il à les rendre un objet de défiance au peuple et à nos troupes ? Pourquoi, enfin, provoque-t-il la désobéissance à la loi ? Méhée n'aime pas les Rois, soit... Qu'il aille se fixer en Amérique... Méhée ne veut reconnaître pour lois que celles que lui et les siens feront, soit... Qu'il aille fonder son empire dans un coin inhabité de la Terre.

Reprenez, Méhée, la lancette de votre père; il était fort *de la touche*, et laissez le peuple français jouir en paix des bienfaits que promet la restauration.

DRUMARE.

www.ingramcontent.com/pod-product-compliance
Lightning Source LLC
LaVergne TN
LVHW020047090426
835510LV00040B/1453